Alexander Holzach

Virgem
o signo otimista

De 23 de agosto a 22 de setembro

O signo de virgem sabe bem o que quer!

Para chegar ao seu objetiv

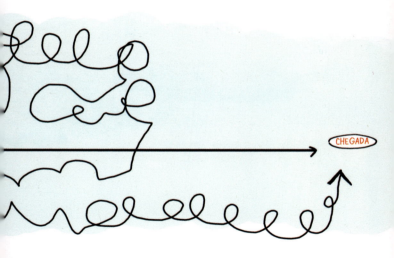

ercorrerá sempre o caminho mais lógico.

Os nascidos em virgem calculam seus riscos com precisão...

...antes de se jogarem.

Analisar é a especialidade desse signo,
pois quer saber no que consiste tal coisa.

Para ele, o imprevisível é irritante.

...pois ele almeja a pura perfeição.

O signo de virgem ama o mundo e a natureza.

Assim, quem destrói a natureza não é bem quisto.

Em questões de vestuário, virgem não depende das mais novas frescuras.

No entanto, sua presença é tão amigável que pode se deixar convencer por um vendedor astuto.

Virgem leva a sério um trabalho minucioso, de qualidade, e se dedica ao máximo a ele.

Mas, quando questões técnicas
se opõem ao seu perfeccionismo,
pode muito bem enlouquecer.

O signo de virgem gos[ta]
de tudo extremamen[te]
limpo e organiza[do]

Ai se algo n[ão]
estiver em seu lug[ar]

tão vai procurar...

até a casa ficar parecendo com todas as outras.

Para alguém de virgem, o estresse...

...geralmente dura pouco...

...pois esse signo conhece todas as técnicas meditativas...

...para chegar ao equilíbrio...

...e ter de novo uma mente sã.

Virgem é muito consciente de sua saúde. Qualquer mudança nela é avaliada por um médico...

...mesmo quando, no final, era apenas...

...um farelo de bolo.

Quando alguém estoura sem motivo com o harmonioso signo de virgem...

...ele não está nem aí para quem estiver à sua frente.

Férias são muito bem planejadas...

...esse signo gosta de se jogar nas promoções.

Aí pode ser que a hospedagem não seja exatamente como esperava.

Virgem é um signo otimista e animado.
Até mesmo nas piores espeluncas,
consegue tirar proveito de alguma coisa.

Mas depois detesta ver as fotos das férias.

O signo de virgem é caloroso
e está lá para todos.

Mas, quando se sente explorado,

se blinda completamente contra essas circunstâncias.

Esse signo cuida muito de sua forma.

Virgem olha exatamente
as calorias...

...o que, às vezes, esquece em festas de família.

Em festas, esse signo é uma distração genial.

Apenas quando o clima pesa ou o perigo ameaça

...pode muito bem resmungar...

...e fazer críticas muito diretas.

Enquanto os outros gostam de olhar
para o passado e para o futuro...

...virgem se interessa mais pelo aqui e agora.

Quando não é motivado o suficiente no trabalho, em sua vida pessoal ou no esporte...

...virgem se deixa distrair facilmente.

Geralmente, alguém apresenta
o primeiro amor a esse signo.

Não exatamente por ele ser tímido.

É que, com seu perfeccionismo,
levaria tempo demais para escolher.

Neste signo se esconde um grande filósofo.

Quando virgem adquire um novo conhecimento...

...passa adiante de bom grado...

...o que, muitas vezes, sobrecarrega o outro.

Caso esteja com dificuldades,
 o melhor a fazer é ir até alguém de virgem.
Esse signo sussurra soluções para os problemas.

Com sua compreensão analítica,
chega a atalhos que outros jamais pensariam.

Às vezes, o signo de virgem pode ser...

indisciplinado,

exigente,

preciso

e um pouco acomodado

Mas também é todo coração...

adoravelmente humilde, descomplicado, cuidadoso,

sedento por conhecimento e esperto.

TÍTULO ORIGINAL *Die lebensfrohe Jungfrau*
© 2015 arsEdition GmbH, München – Todos os direitos reservados.
© 2017 VR Editora S.A.

EDIÇÃO Fabrício Valério
EDITORA-ASSISTENTE Natália Chagas Máximo
TRADUÇÃO Natália Fadel Barcellos
REVISÃO Felipe A. C. Matos
DIREÇÃO DE ARTE Ana Solt
DIAGRAMAÇÃO Balão Editorial

Dados Internacionais de Catalogação na Publicação (CIP)
(Câmara Brasileira do Livro, SP, Brasil)

Holzach, Alexander
 Virgem: o signo otimista / Alexander Holzach; [tradução Natália Fadel Barcellos].
— São Paulo: VR Editora, 2017.

Título original: *Die lebensfrohe Jungfrau*
ISBN 978-85-507-0114-1

1. Astrologia 2. Horóscopos 3. Signos e símbolos I. Título.

17-04667 CDD-133.54

Índices para catálogo sistemático:
1. Horóscopos: Astrologia 133.54

SUA OPINIÃO É
MUITO IMPORTA[NTE]
Mande um e-mail p[ara]
opiniao@vreditoras.c[om]
com o título deste l[ivro]
no campo "Assunto["]

Todos os direitos desta edição reservados à
VR EDITORA S.A.
Via das Magnólias, 327 - Sala 1 | Jd. Colibri
CEP 06713-270 | Cotia | SP
Tel.| Fax: (+55 11) 4702-9148
vreditoras.com.br | editoras@vreditoras.com.br

1ª edição, nov. 2017
2ª reimpressão fev. 20[__]
FONTES SoupBone
KG Be Still And Kno[w]
IMPRESSÃO GSM
LOTE GSM070223